ÉTRENNES

DE LOUIS XVIII,

A BONAPARTE.

Sic transit gloria mundi,

A PARIS,

DE L'IMPRIMERIE ROYALE.

ANNÉE 1800.

ÉTRENNES

DE LOUIS XVIII,

A BONAPARTE.

Si par la plus lâche des politiques, tu es parvenu à te faire un nom idolâtré par un peuple ignorant et imbécile; si tu es parvenu à faire mouvoir à ton gré toutes les girouettes françaises, ne t'applaudis pas de ce triomphe qui sera tout aussi passager que les actions de ta vie.

J'applaudis ainsi que tous ceux qui te connaissent à fond, à tes connaissances politiques, à tes travaux militaires, mais en te couvrant de la peau du lion pour intimider et vaincre, ne crois pas que le bout d'oreille de l'âne soit échappé, déja la foule du peuple qui te caresse et t'entoure, t'a remarqué, reconnu et proscrit.

Mets en usage toutes les ressources de l'intrigue, Louis XVIII n'en sera pas moins ce qu'il doit être, tandis que toi, vil intriguant, tu ne seras que la copie de ton colloborateur *Siéyes*, transfuge du catholicisme, rusé comme un renard, faux comme un jetton, et qui s'est servi de la patte du chat pour tirer les marons du feu.

(4)

Quoiqu'il en soit malgré la haine que je te voue pour toutes les sottises que tu as faites, depuis que, sorti de la poussière, tu t'es élevé au rang de premier consul, titre qui te rend à-peu-près mon rival. Je suis forcé de reconnaître que je t'ai en quelque sorte une espèce d'obligation, quoique ton dessein ne fut jamais de me rendre un jour ton obligé.

La constitution que tu viens de former pour ton an 8, très-divisible de ta république imaginaire, me sert au-delà de tes desirs.

En travaillant pour toi, Corse ignare, tu travailles pour moi ; tu t'en prendras à tes sonseils qui, malgré tes rares inventions, tous tes télégraphes et tes tours de gobelets ne connaissent rien dans nos opérations.

Tes sept titres, tes 95 articles m'applanissent le chemin que je dois parcourir pour arriver jusqu'au trône qui m'est dû, que je posséderai, et où ton nouveau peuple m'attend.

Oui, sans doute, il m'attend, fatigué, harassé de tes criailleries prétendues civiques, il est las, (tu n'en dois pas douter) de voir substituer aux mots que mon conseil mettait en avant ceux qui les surpassent en exactions, conviens-en patriote de circonstances ? Tes proclamations sont mes *Edits*, tes avis ; mes *Déclarations*, et tes singeries des *Ordres positifs* que tu établis sous un nouveau mode de lit de justice. Je te le dis et vais le répéter de nouveau , embrion des armées , tu as vaincu , mais comment? Est-ce à moi de t'instruire sur la nature de tes progrès ; ils ne sont rien moins que réels. Voilà ton manège , je le dévoile.

Profitant de l'enthousiasme, tu t'es servi très-à-propos de la poudre de perlin pin pin ; et à l'aide de ces singeries , tu as conduit cent mille détachemens d'aveugles dans des climats , où ils n'eussent point osé pénétrer s'ils avaient vu clair.

De sottises , en sottises , errant par degrés dans tous les sentiers de la folie , tu as prétendu qu'une nation soumise à de faux principes , marcherait d'un pas certain dans la route que tu lui as dessinée ; tu t'es trompé sur le nombre exact de la population française , deux tiers et demi réclament un roi , et non un faquin , qui provenu de je ne sais où , s'étant comporté , je ne sais comment , ayant tout à lui , je sais bien pourquoi , veut encore sous une multiplicité de titres supposés , s'asseoir sur les marches du trône pour commander en protecteur à un peuple lâche qui ne connaît pas la pesanteur des chaînes qu'il demande à grands cris au nom de la liberté et des titres fantastiques qui l'enchaînent de plus en plus.

Bonaparte , ne tergiverse plus avec le peuple français ; sois ce que tu peux être , un homme utile mais non dominateur ; voilà ce qu'on te demande, et voilà ce que tu ne veux point envisager.

C'est moi , oui moi , qui le serai roi et protecteur et le soutien enfin des droits d'un peuple qui m'aime , c'est moi qui me déclare leur chef , je pourvoirai à leurs besoins , j'y sacrifierai ce que je posséderai , et mon bonheur sera de m'écrier ,

Je vaincrai par mon droit, tes reptiles fangeux ,
Qui prétendent m'oter celui de rendre heureux.

Honneur et graces soient rendues à votre constitution de l'an 8. , établie en parchemin , c'est par elle que vous me frayez un chemin , où dans peu , sans doute , vous espérez de me voir arriver.

Je l'ai vu cette constitution , j'en ai comenté tous les articles , je vois Bonaparte , que tu te dispose à céder incessament ta place à un Bourbon , et que la dernière constitution de ton pays , va placer à Versailles , un roi de ta fabrique , dont tu te tiendras honoré d'être le premier maréchal de logis , s'il ne t'envoye pas où tu mérites d'être.

Je te dois cependant tes étrennes , premier consul , d'une nation que tu conduis à force de guides , tu en appréciera la valeur et tu les adopteras suivant que ton sénat conservateur , tes tribuns , tes conseillers d'état , tes co-consulaires et tous les polichinelles que tu voudras bien t'associer ; ils décideront qui de toi Bonaparte premier, ou moi, Louis XVIII. a droit à ce poste suprême, que tous les peuples réclament à l'envie.

Nous sommes à quite ou double , je te mets au rang de ces enfans qui ayant acquis un degré de force jouent à coup-sûr au Roi dépouillé , l'un d'eux ne s'est pas plutôt emparé du trône qu'au même instant, il est en bas. C'est la place que tu mérites, je veux t'y voir.

Tout cependant s'accorde à ce que je te distingue, car la constitution me conduit par degré à la place qui m'est fixée par un assentiment général : oui, d'après les étrennes que je t'envoye et que je te charge de présenter au peuple, si tu veux avoir des droits à ma clémence, rentre dans le trou d'où tu es sorti par hazard, dont tu n'as conservé ta possession que par brigandage, et souviens-toi qu'il n'est permis qu'à l'aigle de fixer le soleil.

Sois simplement Bonaparte, puisque tu n'es réellement que Bonaparte. Que les lingots que tu as accumulés dans l'Italie, restent à ta possession ; c'est à moi de réparer les vols commis par les hommes prétendus libres ; mais à force d'économie, je te prouverai que je n'avais pas besoin de richesses pour rendre un peuple heureux, pendant que tu cherchais à en acquérir pour le rendre à plaindre. J'en appelle à tout l'Univers, Bonaparte, tu es plus riche que moi, tu n'es qu'un usurpateur, et je suis roi de France, en dépit de tes futiles proclamations.

Ton conseil, ton sénat, tes tribuns, tes agens, ta police, ne te mettront pas à l'abri de la sentence qui circule maintenant dans toutes les bouches, et qui est gravée dans tous les cœurs, *vox populi, vox dei* : oui misérable organisateur, d'un régime abhorré, la voix du peuple est celle de Dieu : connais ton peuple, connais quel est le mien : mais avant d'établir cette comparaison, juges-moi si tu l'oses ; quoique ton maître et ton souverain, je m'abaisserai jusqu'à ce parallèle.

Premier consul, remonte jusqu'à l'instant de ta naissance ; tu as une mère, je la plains ; vous êtes trois frères, deux sont de même à plaindre : vous avez massacré notre aîné Louis XVI, et prescrit de suite, moi, Stanislas Xavier, et mon jeune frère Charles Philippe ; vous nous avez impudemment ravi la couronne française ; tu as été l'agent secret de ces manœuvres perfides, mais à de nous deux *qui perd gagne :* tu as semé le malheur dans ma famille ; je porterai l'horreur et l'effroi dans la tienne, avec cette différence que je ne ferai que te disputer ce que tu me voles, et que tu n'auras jamais le courage de le défendre, toi, tes Joseph et tes Luciens.

Je t'ai cependant de grandes obligations : je ne peux le dissimuler, depuis que ta faction fanatique t'a proclamé roi des français, sous le titre de premier consul, tu t'es rapproché des miens ; et tu as augmenté le nombre des tiens : tu te formes des rampants, qui pour toi ne seront que de carton, lorsque pour Louis XVIII, un jour peut-être, qui n'est pas bien éloigné, ils se montreront tous d'airain.

La reconnaissance m'invite cependant à t'adresser , comme à mon premier commis , pendant un faible espace de tems , les étrennes que je te destine au premier janvier 1800 , ainsi qu'à tous tes suppôts et tes collègues.

A toi , Bonaparte , je t'envoye un exemplaire de la constitution de 1791 , signé de *Mirabeau ,* *Lally-Tolendal* , *Brissot* , et autres partisans des rois ; j'espere que cet envoi te suggerera les principes dont tu n'eus jamais dû t'écarter , et qu'au premier moment tu descendras du marchepied suprême , pour te glisser dans la foule et crier avec tous les bons français , VIVE LE ROI.

En quatre jours vous avez dressé un corps législatif ; eh bien , pour punir ce même corps , je te charge , toi , Bonaparte , qui aime tant les *proclamations ,* de faire publier , dans toute l'étendue du royaume , que le roi de France prendra en considération toutes les réclamations qui lui seront faites , n'en déplaise au consulat , aux sénateurs et au tribunat.

J'envoye pour étrennes , à la république soi-disant nommée une et indivisible , le sceau de désunion et de divisibilité ; et j'entends que sous peine de mort , que tous ceux qui ne reconnaîtront pas l'absolu pouvoir de la monarchie , seront traité par moi *ad libitum.*

Je t'ordonne , toi , chef suprême de *Phantasma-* *gorie ,* de faire passer , de ma part , aux sénateurs

de ta république de carnaval , un hochet d'or , que
je destine à leur amusement : c'est le seul moyen
d'amuser des enfans.

J'envoye à ton corps législatif un sceptre mo-
delé sur celui de l'empire ; il vaudra bien les chif-
fons que , de tems à autre , tu fais promener de carrefour en carrefour. Le tien est revêtu d'un habit
d'arlequin , le mien est invariable ; ma devise est
plus franche que la tienne : elle dit *royauté* , la tienne
annonce ce que tu es incapable de tenir , ce que tu
ne peux opérer, *liberté* et *égalité* , deux mots que
toi et tes semblables n'avez jamais regardés que
comme des chimères qu'il étoit impossible de
réaliser.

J'envoye aux tribuns un exemplaire de tes prétendus voyages en Egypte ; jamais tous les mille et
un contes des Fées n'auront présenté tant de ta-
bleaux de tes différens prodiges. Nous possédons
l'exact bordereau de ce que tu as gagné sur nos
terres ; conviens , nouveau Cromwell , que nous
sommes autorisés à reprendre ce que tu voles au-
dacieusement : tel est le jeu de la nature.

J'envoye aux tribuns le modèle de ma constitution , avec ordre et injonction de la publier au
peuple français , et de renoncer , après ladite publi-
cation , à toutes les fonctions qui leur auront été
données par les intrus qui ont bouleversé la
France.

LOUIS XVIII,

Roi des Français.

Je serai bientôt parmi vous ; vous m'attendez ; ja satisferai à votre empressement, non pour vous dépouiller, comme on a cherché à vous le persuader, mais pour ramener parmi vous la paix et l'abondance.

Art. Ier. L'univers reconnoît un Dieu, chaque peuple doit reconnoître un roi : celui qui s'écarte de ce système établi par la suprématie, ne peut être rangé que dans la classe des brigands et des révoltés.

II. Le roi est, sans doute, soumis aux lois ; mais les lois sont soumises à son assentiment.

III. Mille et mille factieux ont rejetté loin des Français, jusqu'à l'ombre de la royauté ; l'héritier de la couronne leur pardonne, comme lui-même il pardonne à ceux qui l'ont offensé ; il ne veut que la paix générale et le bonheur du peuple.

IV. Il n'a pas besoin de commis pour gérer ses finances, lorsque le dernier roi (Louis XVI) mourut assassiné par un peuple qu'il s'apprêtoit à combler de bienfaits. Le cri de banqueroute dont on a étourdi le peuple n'étoit que l'écho des factions dont les successeurs de Louis XVI se sont emparés depuis, c'est-à-dire, les assemblées, les conventions, les généraux, *idem....idem....idem.*

Un tel présent ne peut que flatter le tribunat. Cependant mes étrennes ne sont pas encore toutes envoyées ; l'armée française compte au nombre des individus qu'ils ont fait marcher par force, une immense quantité d'individus qui, nonobstant les clameurs de la milice, s'enrôloient sous l'étendard des lys. Eh bien ! par un sentiment aussi juste que naturel, nous donnons et accordons une amnistie générale et complette à tous nos sujets de notre bonne ville de Paris, de même qu'à toutes les provinces de notre royaume qui ont pris parti dans les armées de rebelles, convoquées pour unir leurs forces contre leur roi légitime et la religion.

Je dois enfin des étrennes à tous les fidels partisans de la monarchie ; mais de ce moment je ne reconnais plus pour français ceux qui s'obstineraient à marcher sous les étendarts des brigands révolutionnaires.

Français, vous m'entendez, c'est au milieu de vous que je prétends apporter le bonheur, la paix et la tranquillité. Vous avez été opprimés par toutes vos misérables opérations révolutionnaires, un seul mouvement peut vous rendre heureux, pour cela n'écoutez que la raison qui vous crie :

> Chérissez de vos rois, cette tige sacrée,
> Quelle soit à jamais, auguste et révérée.

N'en doutez pas, français, je reviendrai parmi vous, et je vous convaincrai par ma clémence que je suis réellement le père du peuple, j'écraserai sans pitié, tous ses insectes qui vous rongent, sous telle dénomination qu'ils se présentent. Bonaparte et ses agens n'échaperont pas à ma vengeance. Je n'aurai pas plutôt donné le signal de la destruction de ces reptiles ambitieux de vos biens que vous applaudirez au désir que je forme de faire le bien-être et le bonheur des français.

Il doit exister dans l'Etat une souveraineté, je vous l'offre ; une religion, je la protège ; des lois, j'en serai le soutien : Louis XVIII. se jette au milieu de vous, périssent les coquins qui s'opposeraient à son passage, ne doutez pas un moment des sacrifices que je suis prêt de faire pour mon peuple.

Telles sont les étrennes que j'offre aux scélérats, aux corrupteurs, aux ennemis du bon ordre, sans négliger celles que j'offre à la vertu et à ceux qui n'ont été qu'égarés, et qui sont rentrés dans l'ordre.

LOUIS XVIII.

EDIT

Du premier janvier 1800, de notre règne.

Art. Ier. Il est ordonné à tout Français chrétien qui aime la religion dans laquelle il est né, de sacrifier sa vie, si le cas l'exige, pour son rétablissement et son maintien.

II. Il aidera, de toutes ses forces, à maintenir Louis XVIII sur le trône de ses pères, et lui prouvera, par tout ce qui sera en son pouvoir, qu'il ne reconnoît que lui pour maître.

III. Tout révolutionnaire, ou tout opposant à la royauté, sera proscrits de mes sujets fidèles : eux seuls lui infligeront la peine qu'il mérite.

IV. Sera puni de mort celui qui parleroit du trône et du roi. Telle est la volonté de Stanislas-Xavier, roi de France ; à lui seul est réservé de commuer sa peine.

Fait et arrêté en son lit de justice, le premier janvier 1800.

(15)

ORDRE

Donné au Peuple Français.

Dans 20 jours au plus tard, français, recon‑
naissez en moi le sauveur de la France, l'appui
du malhereux, le soutien de la vertu opprimée,
vous tous, brigands sanguinaires, qui depuis dix
ans vous êtes engraissés des dépouilles d'un peu‑
ple que vous avez réduit à la misère ; rappelez‑
vous que vos noms sont inscrits sur la liste qui
n'échapera pas à ma vengence ; ce peuple que vous
avez trahi, que vous avez réduit aux derniers
abois, s'élévera lui-même contre vous, et lui-seul
vous marquera sa reconnaissance, il a su, coquins
audacieux, il a su vous reconnaître, et n'en doutez
pas vous serez payé du tribut qu'a mérité votre
conduite.

Et vous, malhereux opprimés, qu'un sort cruel
a réduit à l'alternative, c'est un père qui saura
vous apprécier, c'est votre roi qui plus indulgent
qu'irrité, vous récompensera des peines cruelles
que vous avez essuyés dnpuis votre *sainte insur‑*
rection; ne redoutez pas ma rentrée en France,
elle sera propice aux bons, mais elle sera terrible
pour les méchans, c'est vous hommes probes et
vertueux que je charge de ma vengence, c'est vous
dont je me servirai pour les terrasser, puissent
tous ces scélérats, pour éviter ma trop juste colère
se condamner à l'austracisme.

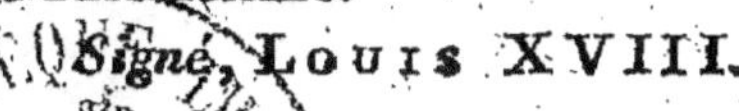

Signé, L o u i s XVIII.

9 782014 054484